NOTICE

SUR

S. A. R. LE DUC DE NEMOURS.

Un Prince de la maison royale vient à Nantes : en ses mains peut un jour passer la régence : chacun se demande quels sont ses antécédents ; on se le demande surtout, parce que longtemps S. A. R. le duc de Nemours, se tenant à l'écart, n'a réellement paru sur la scène politique qu'après la mort de son frère. Cette notice est publiée pour essayer de satisfaire cette juste curiosité.

Louis-Charles-Philippe-Raphaël d'Orléans, duc de Nemours, est né à Paris, le 25 octobre 1814. Il est donc âgé de 28 ans. Il s'est marié le 27 avril 1840, à la Princesse Victoire-Antoinette-Auguste de Saxe-Cobourg, née à Vienne, âgée de 21 ans, et qui doit accompagner, le prince à Nantes.

Élevé comme ses frères, dans les colléges publics, le duc de Nemours y a reçu cette instruction universitaire qui en a fait un homme instruit, en l'habituant à se mêler dans les rangs de ses concitoyens. En 1829, une couronne scolastique lui fut décernée aux applaudissements de ses condisciples.

Sorti du collége, sa vie militaire a commencé: en 1831, il était colonel du 1.er régiment de lanciers, et voici en quels termes un officier, qui a récemment quitté l'Afrique, et qui s'est trouvé avec le duc de Nemours dans les diverses affaires auxquelles ce prince a pris part, rend compte de cette partie de sa carrière :

« La Bretagne, et particulièrement la ville de Nantes, qui peut en être considérée comme la capitale, attendent avec une certaine préoccupation l'arrivée du prince que l'avantage de sa naissance et le déplorable événement du 13 juillet 1842 ont fait choisir pour préserver de toute chance d'incertitude la paisible transmission de la couronne dans l'ordre de primogéniture établi par nos lois. On cherche à savoir d'avance ce qu'est ce prince, par quelles qualités il ressemble à celui dont un douloureux anniversaire nous rappelle aujourd'hui la perte ; sous quels aspects il en diffère.

» Comme toute la famille royale, le duc de Nemours a la taille élevée, bien prise, et un peu moins élancée que ne l'était celle du prince royal; ses manières sont moins vives; il vous émeut, vous subjugue moins rapidement. Une certaine gravité se mêle à tous ses mouvements, elle tempère en lui sa vivacité naturelle et la facilité de sa conversation.

» En public, sa parole est simple, posée, toujours claire et précise ; elle est surtout remarquable par la justesse et la propriété des expressions.

» Accoutumée déjà au premier rôle, la voix du prince a pris dans les camps et sur les champs de bataille un accent mâle et ferme. Quel que soit le sujet sur lequel il parle, on sent toujours un esprit judicieux, pénétrant ; une instruction profonde, mais voilée par une réserve délicate, forme la source de ses pensées. Il suffit de voir et d'entendre le prince pendant quelques moments pour s'assurer de la vérité de ses remarques ; mais comme il ne peut être approché par tous, elles seraient bien insuffisantes pour la sympathie publique, si nous n'y ajoutions quelques détails.

» Le duc de Nemours n'est encore connu dans nos contrées de l'Ouest que par quelques actes de cette vie militaire à laquelle le roi a voué tous ses fils, aussitôt qu'ils ont pu tenir une épée pour le service de la France. Plus occupé de répondre dignement à sa noble vocation que de donner du retentissement à ses services, il s'est enquis seulement de savoir si le roi, si le frère chéri qu'il a perdu, étaient contents de lui, et, sa modestie rassurée sur ce point, ne lui a pas laissé désirer l'enivrante émotion des acclamations publiques. — L'armée d'Anvers l'avait vu débuter avec une fermeté, une sagesse bien rare dans un âge si tendre, et appliquer toutes les forces d'une intelligence précoce aux phases méthodiques de la guerre des siéges. La garnison, renfermée dans la place, n'ayant point donné aux deux jeunes princes l'occasion de faire briller l'audace et l'impétuosité française, le siége terminé, il tardait au duc de Nemours d'aller prendre sa part des fatigues, des chances et des privations de nos soldats en Afrique. La première expédition sur Constantine fut saisie avec empressement, et nous vîmes arriver dans nos rangs un jeune prince, qui, sous le feu de l'ennemi et dans les tranchées, incessamment inondées d'Anvers, avait déjà conquis le droit de marcher à la tête de nos colonnes.

» Cette expédition, entreprise dans une mauvaise saison et avec des moyens insuffisants, ne fut pas heureuse. — Nos soldats, fatigués par de longues marches sous les pluies froides de l'automne, arrivèrent devant la place, munis seulement de quelques canons de bataille et de vivres pour peu de jours. Le duc de Nemours, attaqué dans les premiers bivouacs par la fièvre et par une violente inflammation de la gorge, n'avait point voulu rétrograder sur Bone, et son énergique ténacité lui fit accepter le commandement des troupes du siége. — Une fissure profonde, coupée à pic et au fond de laquelle se cache un torrent, forme un obstacle infranchissable autour de l'ancienne Cirtha, et ne nous laissait d'accès que par une étroite portion de sa circonférence. Nous ne pouvions espérer de la forcer que par des coups de main vigoureux, téméraires peut-être. Ils furent multipliés trois jours durant, avec une bravoure digne d'un meilleur succès. A ce troisième jour, le lieutenant-général Trezel, actuellement commandant la 12.e division à Nantes, qui avait précédemment perdu un œil à Waterloo et reçu une blessure grave à Bougie, eut le cou traversé d'une balle et fut emporté mourant du champ de bataille. — Sur ces hauteurs nues et au mois de novembre, les pluies de la plaine se changeaient en une neige épaisse ; nul abri, point de bois, à peine quelques broussailles rares qui ne donnaient qu'un jet de flamme instantané, disparaissant aussitôt sous une épaisse fumée. Il fallut revenir, avec l'inquiétude de n'arriver à Bone qu'exténués par la faim et la fatigue. C'est pendant cette retraite que le soldat vit avec une tendre admiration le duc de Nemours abandonner sa tente, ses derniers bagages, ses mulets, ses faibles réserves de vivres, pour les distribuer lui-même à nos malades, à nos blessés, les encourageant par son exemple, par de bonnes paroles. — Ces souvenirs frappèrent vivement ceux qui, l'année suivante, après l'assaut de Constantine, entrèrent dans le palais d'Achmet, où ils virent étalés, comme des trophées, l'argenterie et les autres objets que le duc de Nemours avait jetés à l'avidité des barbares, réservant tous ses moyens de transport pour soustraire à leur furie nos blessés et nos malades, seul fardeau qu'il eut souci de conserver.

On le vit accourir de nouveau en Afrique lorsque, l'année d'après, le roi ordonna une seconde expédition contre Constantine. — Le prince était à côté du général Damrémont, à la place fatale où tombait au même instant le général Perregaux, le chef d'état-major, l'ami du général en chef, et qui ne survécut que pour aller expirer bientôt sur le rivage de la Sardaigne.

» Le triomphe du lendemain fut sanglant et décisif. Un assaut de plusieurs heures, dont la première colonne fut commandée par le brave de La Moricière, nous rendit maîtres de cette forte place, et sa conquête donna aux maréchaux de

France un collègue, qui, pendant tout le cours de nos anciennes guerres s'était associé à leurs victoires les plus glorieuses. — A peine entrés dans la ville, une autre perte vint affliger l'armée, le général d'artillerie de Caraman succomba en peu d'heures au choléra, qui s'était répandu parmi les troupes. — Le duc de Nemours apprit ainsi coup sur coup de quel prix se paie la gloire des armes. — La fermeté de son âme n'en fut point ébranlée ; mais il accepta plus modestement encore la part d'honneur qu'il avait méritée, et que chefs et soldats se plaisaient à lui offrir. — Le jeune prince de Joinville, encore adolescent, avait voulu obstinément quitter un moment son vaisseau et accourait dans l'espoir d'arriver à temps pour respirer l'odeur de la poudre ; mais il ne put nous joindre que le lendemain de l'assaut, et ce fut pour nous tous un spectacle touchant de voir les deux frères se jetant dans les bras l'un de l'autre, également heureux de se retrouver ensemble en si glorieuse rencontre.

» Pour cette seconde expédition, le prince royal avait en bon frère cédé son tour au duc de Nemours (1), celui-ci dut se résigner à le voir partir

---

(1) Le duc de Nemours ayant appris que son frère, le duc d'Orléans, venait d'être désigné pour aller prendre part à cette seconde expédition, alla le trouver, pour lui dire qu'ayant échoué une première fois devant Constantine, il serait honteux pour lui de ne pas être à sa prise... Au premier mot, le prince royal comprit trop bien la pensée de son frère pour vouloir lui ravir cette

de nouveau pour l'Afrique , lors de la reprise des hostilités par Abdel-Kader. Ainsi , après avoir commencé leurs premières armes devant Anvers, ces deux fils aînés de notre roi se sont partagé les campagnes de l'armée d'Afrique , et leur nom est attaché à chacun de ses triomphes : Nemours à Constantine , le prince royal à Mascara, au célèbre défilé des Portes-de-Fer, à Médéah ; et tout récemment celui du duc d'Aumale à la Smala de l'émir , enlevée par une résolution soudaine qui, du premier coup , a placé ce jeune prince au rang des maîtres. Les rivages d'Ulloa et de la Vera-Cruz au Mexique gardent le nom de Joinville.

« Depuis lors, les doux et graves devoirs de l'époux et du père de famille , la haute direction de nos camps d'exercice ; l'étude journalière , sous les yeux du roi , de l'administration de l'état et de ses grands intérêts politiques ; les discussions de nos chambres législatives : voilà les occupations du prince auquel la France a confié d'avance le soin de conserver intacte la royauté pour le jeune héritier du trône , si la Providence lui enlevait avant l'époque de sa majorité la haute tutelle de son illustre aïeul. — Jamais si précieux dépôt ne fut destiné à une âme plus pure, à un esprit plus élevé. — Celui qui, dans un âge où les passions les plus nobles peuvent cependant nous égarer, voulut toujours s'effacer devant son frère aîné , qui s'est montré constamment scrupuleux

occasion de gloire. Il courut auprès du roi, et obtint que son frère partît. Noble émulation de généreux sentiments.

observateur de toutes les convenances, dévoué au roi comme au pays, qui n'a jamais recherché le pouvoir ni l'éclat, celui-là sera un sûr gardien de nos libertés et de l'ordre de succession à la couronne. — Heureuse la France d'avoir pu clore ses longues révolutions en fondant une dynastie qui lui offre tant de gages de sécurité. Entourons de notre affection tous ces princes formés par le roi à son exemple, et entre tous, celui qui, par l'ordre de sa naissance, est maintenant désigné comme le dépositaire éventuel de nos biens les plus précieux. »

Nous tenons d'un officier distingué de notre armée une autre note, qui reproduit les mêmes faits, en s'exprimant en ces termes :

« Vous me demandez des renseignements sur la vie du duc de Nemours : je ne puis guère vous fournir que des renseignements sur sa vie militaire.

» D'une bravoure remarquable, Mgr. le duc de Nemours s'est placé haut dans l'opinion de ceux qui, comme moi, l'ont vu devant l'ennemi. Il a prouvé, dans les différentes expéditions qu'il a faites en Afrique, dans la retraite de Constantine en 1836, et au siége, en 1837, où il commandait la tranchée et l'assaut, qu'au courage il unissait ce calme, ce sang-froid, ce coup d'œil prompt et sûr, si nécessaires à celui qui est appelé à commander. Aussi considérai-je Mgr. le duc de Nemours comme éminemment propre à bien conduire des troupes et une armée. L'instruction du prince est étendue : il sait beaucoup et sait bien.

» Dans la première expédition de Constantine, commandée par le maréchal Clauzel, l'armée au moment de la retraite , manquait de tout , les soldats étaient épuisés de fatigue et tombaient d'inanition. Le duc de Nemours fit remettre à l'ambulance , pour le service des blessés , tout ce qu'il avait de vivres et de vin sur ses mulets , ne conservant que quelques biscuits , à peine suffisants pour pouvoir aller jusqu'à Bone. En arrivant à Dréan , une journée avant Bone , j'ai vu le prince qui dévorait (c'est le mot) un pain de munition à peine cuit , non par ostentation , mais *par faim*. Pendant toute cette pénible retraite de Constantine , S. A. R. était partout , bravant la fatigue et le danger , encourageant les soldats qui se battaient , consolant et secourant les blessés , et sans cesse donnant à tous l'exemple de l'énergie , en supportant les mêmes privations. Le maréchal Clauzel , témoin de ce dévouement , professait une véritable admiration pour le duc de Nemours , et l'exprimait hautement , jusque dans les rangs de l'opposition.

» De retour à Alger , le duc de Nemours refusa les fêtes qui lui furent offertes.

« Dans les circonstances pénibles où se trouve » l'armée, répondit le prince , alors qu'elle pleure » la mort de braves , je ne puis accepter les fê- » tes que vous voulez m'offrir. Mais bientôt je » reviendrai parmi vous , je reviendrai pour vous » aider à réparer l'insuccès d'une première expé- » dition , et cette fois, je l'espère , nous pourrons » célébrer les victoires qui auront vengé l'hon- » neur de notre drapeau et la mort de nos frè- » res. »

» Le duc de Némours tint sa promesse : au second siège de Constantine , en 1837 , lorsque le lieutenant-général Damrémont , gouverneur d'Al-

gérie, fut tué d'un coup de canon, S. A. R. ayant reçu ce général dans ses bras, aida à le trans porter dans un lieu à l'abri du feu de l'ennemi, puis continua, avec ce calme qui ne l'abandonne jamais, à descendre dans la batterie et à y faire exécuter les ordres du général Vallée, qui venait de prendre le commandement. Ce fut le duc de Nemours qui lança les colonnes d'attaque, et M. le maréchal Vallée rendit compte en ces termes de ce fait d'armes de notre jeune armée : « L'as-
» saut livré par nos troupes avec la plus brillante
» valeur est une des actions de guerre les plus
» remarquables dont j'aie été témoin dans ma lon-
» gue carrière. »
» Dans l'expédition sur Tekedempt, la division commandée par le duc de Nemours prit une part très-active aux combats et aux diverses opérations qui eurent lieu pendant cette pénible campagne. Au combat du 3 mai 1841, en avant de Milianah, le duc de Nemours chargeant un corps de Kabiles et d'infanterie arabe, le culbuta à la tête d'un bataillon du 58.º de ligne et d'un bataillon du 24.º de ligne que commandait son frère le duc d'Aumale. Les deux princes étaient au milieu de l'ennemi avec nos plus intrépides et nos plus braves fantassins.
» Toute l'armée sait que le duc de Nemours, qui longtemps a voulu faire de l'art de la guerre sa spécialité, a une connaissance approfondie de la statistique et de la stratégie. »
Jusque-là M. le duc de Nemours avait fait preuve, sans une ostentation qui semble lui répugner, d'un caractère noble, calme et franc. Plein de réserve et de modestie, n'ayant d'autre ambition que de servir utilement la France, ce

prince, autant par goût que par un tact intelligent des convenances de sa position, s'était toujours effacé, en se contentant d'être le bras droit du Prince Royal, son frère aîné, qui lui accordait la plus haute confiance, en appréciant le positif et la rectitude de son esprit, esprit froid, réfléchi, sévère, qui avait compris que, placé auprès d'un frère qui se trouvait l'héritier du trône, son devoir était l'abnégation, dût-il rester méconnu. Il y avait de la grandeur généreuse dans ce noble rôle, peu éclatant il est vrai, où la réserve pouvait parfois être prise pour de l'orgueil, et qui consistait à être toujours prêt à témoigner de son dévouement sans jamais prendre l'initiative.

Il n'en est plus ainsi aujourd'hui : une funeste catastrophe a enlevé à la France un prince aimé, et c'est au duc de Nemours qu'il appartient de marcher à la tête de ses frères. Sans doute la France a l'espoir que le chef de la dynastie fondée en 1830 vivra longtemps encore : mais, en face des éventualités qui peuvent faire passer la couronne sur la tête d'un enfant, les représentants de la nation ont confié au duc de Nemours la tâche de veiller, suivant les expressions d'un de nos députés, sur un berceau voilé de deuil, mais ombragé du drapeau tricolore, sous la charge de la nation.

On comprend comment il est utile que, pour avoir confiance entière dans le prince qui peut être appelé à devenir momentanément le chef de l'état, la France le connaisse, l'apprécie, nous dirions volontiers l'étudie.

Ses premières paroles publiques furent prononcées à Strasbourg, où, à la suite de la mort de son frère, il disait de ce frère aimé, en posant la première pierre d'un monument où leurs noms se trouvaient gravés : « Nos noms gravés sur cette » plaque d'airain, sont unis comme nos cœurs » l'ont été. »

De ce jour une nouvelle position est acquise au duc de Nemours, et sa parole s'empreint de plus d'expansion; on l'observe plus impartialement, sérieusement : on ne trouve pas en lui l'ardeur du duc d'Orléans, mais on reconnaît un homme très-sensé, ferme sous des dehors réservés qui rappellent son froid courage à l'armée. On reconnaît que cette réserve n'est point la hauteur que ses ennemis lui prêtent. On recueille, pour le prouver, ses réponses aux divers discours qui lui sont adressés dans cette ville guerrière, où la population l'entoure.

« Je suis loin de mériter les éloges que vous » faites de moi, dit-il aux magistrats qui le ha- » ranguaient : vous pouvez cependant être assurés » que je ferai tous mes efforts pour m'en rendre » digne. Quelle que soit la position que la Pro- » vidence me destine, vous me verrez toujours » me dévouer en entier aux devoirs qui me se- » ront imposés....

» C'est en me consacrant au service de mon » pays, que je prouverai mon dévouement à son » bonheur, à sa gloire et à ses institutions....

» Après le cruel événement qui est venu nous » frapper, la sympathie générale qui nous est té- » moignée est une source de consolation. Je suis » heureux de pouvoir la recueillir d'une manière » immédiate de la part d'une population qui nous » manifeste un si grand attachement. »

Lorsqu'une dépêche télégraphique vint annoncer au duc de Nemours, à Strasbourg, le vote de la loi de régence, le prince, recevant cette nouvelle avec une dignité modeste, se borna à ces mots :

« Si mes vœux les plus chers viennent à s'ac-
» complir, la France n'aura pas besoin de régent;
« mais si Dieu m'appelle un jour à remplir ce
» poste difficile, je ne négligerai rien pour me
» montrer digne de la confiance du pays et des
» devoirs que m'imposent les votes de la légis-
» lature. »

Alors un officier-général lui ayant parlé de la grande tâche qui lui était échue et du courage qu'il lui faudrait pour la remplir, le prince répliqua :

, « Mon cher général, il ne peut entrer dans
» ma pensée d'espérer jamais pouvoir remplacer
» mon pauvre frère, qui m'était si supérieur en
» toutes choses ; mais, enfin, je ferai de mon
» mieux, et j'y serai aidé par mes bonnes inten-
» tions.... Chacun a ses qualités qui lui sont pro-
» pres ; et c'est en étant moi-même et ce que le
» ciel a voulu que je fusse, que je m'efforcerai
» de répondre à ce qu'on attend de moi. C'est
» déjà beaucoup que d'avoir des sentiments droits
» et la volonté du bien. C'est ce qu'on trouvera
toujours en moi. »

Les paroles de M. le duc de Nemours, dans une visite de l'hôpital de Strasbourg, en montrant sa sympathie pour les classes laborieuses, furent touchantes et prononcées avec une émotion qui produisit une impression profonde sur tous ceux qui les entendirent :

« J'ai désiré visiter cet asile, ouvert par la
» piété des habitants de cette grande ville aux
» vieux jours de cette classe laborieuse dont la

» vie est semée de tant de privations, et qui ex-
» cite à un aussi haut degré le zèle et l'intérêt
» des véritables amis de l'humanité. Il ne peut
» malheureusement exister une population agglo-
» mérée sans un certain nombre de pauvres : tous
» les efforts de la société doivent tendre à le di-
» minuer. Son devoir est de soulager les malheu-
» reux. Votre ville a noblement compris ce de-
» voir. J'ai voulu voir vos pauvres. »

A Lunéville, après une grande revue des troupes, le duc de Nemours, avec cet accent de cœur,
avec ce langage de soldat, qui remuent toujours
les masses, et surtout les armées, prononça une
brève allocution qu'il termina ainsi :

« Pour moi, en qui je vous demande de ne voir
» qu'un frère d'armes, vous me trouverez, dans
» les bons comme dans les mauvais jours, voué
» de cœur à la prospérité et à la gloire de la
» France. »

A Douai, les paroles du duc de Nemours attes-
tèrent son respect des institutions auxquelles la
dynastie régnante ne peut oublier que son avenir
est attaché.

« Nous avons besoin, dit alors le prince devant
» les représentants de la cité ; nous avons besoin,
» Messieurs, d'union et de fraternité, pour main-
» tenir les institutions libres que la France s'est
» données. »

Et, comme le colonel de la garde nationale
faisait allusion à la loi de régence, récemment
votée par la législature, le prince, après avoir ex-
primé sa sympathie pour la garde nationale,
ajouta :

« J'espère bien, M. le colonel, n'être jamais
» obligé de remplir cette tâche. Cependant, si la

» Providence voulait qu'un jour elle me fût con-
» fiée, tous mes soins, tous mes efforts, toute
» ma sollicitude tendraient à assurer le bonheur
» et la liberté de ma patrie. »

A Saint-Omer, l'émotion du prince ne put se
dissimuler, malgré sa force de caractère, en
voyant un obélisque élevé par les troupes à la
mémoire de son frère. « On ne saurait jamais,
» s'écria-t-il, on ne saurait jamais honorer assez
» sa mémoire, ni lui donner assez de regrets.
» Pour moi, le but constant de mes efforts sera
» de remplir tous mes devoirs avec dévonement,
» afin d'acquérir l'estime et l'affection dont mon
» frère était entouré. »

On sait que le duc de Nemours, ayant reçu
l'instruction universitaire sur les bancs d'un collége, porte un vif intérêt à tous les établissements
de l'université, et cette allocution aux professeurs
du collége de Compiègne fut remarquée :

« Messieurs, formez de bons citoyens, ap-
» prenez à vos élèves à respecter les lois sous
» lesquelles ils vivront un jour. Faites de ces
» jeunes gens des hommes qui soient capables d'ap-
» précier plus tard et de servir tous les grands et
» sérieux intérêts de la France ! »

Enfin, au camp de Compiègne, s'adressant à ces
soldats, dont il retrouvera le courage, la discipline,
les nobles sentiments et le dévouement patriotique
au camp de Plélan, comme partout où se pré-
sentera sous ses yeux notre belle armée, le duc
de Nemours, à cheval et au centre des troupes,
prononça d'une voix mâle cette allocution militaire :

« Je viens vous porter les témoignages de la

» satisfaction du roi, car vous servez utilement
» le pays : en lui formant une bonne armée, vous
» dotez la France du rempart le plus solide; vous
» assurez son triomphe, et vous méritez sa recon-
» naissance.

» Et puis aussi, après notre affreux malheur,
» j'avais besoin de mêler ma profonde affliction à
» la vôtre. J'ai vu quelle immense sympathie s'est
» soudain produite autour de vous. Ce généreux
» élan a dû raffermir bien des cœurs : car il n'est
» point de maux auxquels la glorieuse unanimité de
» la France ne puisse porter une digne consolation.

» Pour vous, qui avez vu un si grand vide se
» faire à votre tête, je sais combien vous avez
» fait parler haut votre noble estime et votre
» franche affection. Ce coup fatal vous a pénétrés
» de douleur, mais il ne vous a point abattus; car
» il nous reste une grande et belle cause à servir
» et des cœurs capables de la défendre ! Oui, vous
» tous, comme moi, nous redoublerons de zèle,
» d'efforts et d'amour pour rendre à la France la
» force qui lui a été enlevée avec ce chef que nous
» pleurons. Quant à moi, mes sentiments, mes
» devoirs, mes vœux, sont les vôtres ! Notre but
» commun est la gloire et le bonheur de notre
» patrie. Associé de tout cœur avec vous dans ce
» noble but, dévoué tout entier à cette grande
» cause, vous me trouverez toujours heureux et
» fier de la défendre avec vous ! »

Nous ne savons, mais il nous semble que, sans
une ridicule flagornerie, dans ces faits militaires
racontés par deux vieux soldats qui ont vu le
prince à l'œuvre, et qui ont marché à ses côtés,
comme dans ces paroles citées textuellement et

qui révèlent le cœur de l'homme, une vie hono-
rable et pure apparaît sans faste, digne et dé-
vouée à la France, en donnant le désir de voir
de plus près, pour l'apprécier nous-mêmes, celui
qui peut un jour être appelé à maintenir le trône
fondé en juillet 1830, et les libres institutions
qui en forment la base la plus solide.

Nantes, imprimerie de C. Mellinet. — 36,842.